1000+

Most Useful

PERSIAN WORDS

Nazanin Mirsadeghi

Bahar Books

www.baharbooks.com

Mirsadeghi, Nazanin
    1000+ Most Useful Persian Words (Farsi-English Bi-lingual Edition)/Nazanin Mirsadeghi

ISBN-10: 1939099188
ISBN-13: 978-1-939099-18-1

Published by Bahar Books, White Plains, New York

Table of Contents

INTRODUCTION

1000+ Most Useful Persian Words contains the most useful words you need to know to read, write and speak in Persian.

The book consists of more than 40 different subject categories such as: animals, fruits, foods, places, professions, sports, family, colors, numbers, verbs, adverbs and adjectives. The words in most categories have been arranged based on their English translations in alphabetical order. Also, the phonetic transcription (transliteration) for each Persian word has been provided to facilitate the learning process.

The book also provides some essential material regarding the Persian alphabet and the pronunciation of the Persian letters.

It is hoped that those who are learning the Persian language could use this book as a reference and find it helpful as they advance their language skills.

Nazanin Mirsadeghi

Pronunciation Guide for the Persian Letters

ǎ like the "a" in arm	آ – ا *
b like the "b" in boy	ب – بـ
p like the "p" in play	پ – پـ
t like the "t" in tree	ت – تـ
s like the "s" in sun	ث – ثـ
j like the "j" in jam	ج – جـ
č like the "ch" in child	چ – چـ
h like the "h" in hotel	ح – حـ
ǩ like "ch" in the German word *bach*, or Hebrew word *smach*.	خ – خـ
d like the "d" in door	د
z like the "z" in zebra	ذ
r like the "r" in rabbit	ر
z like the "z" in zebra	ز
ž like the "z" in zwago	ژ
s like the "s" in sun	س – سـ
š like the "sh" in shell	ش – شـ
s like the "s" in sun	ص – صـ
z like the "z" in zebra	ض – ضـ
t like the "t" in tree	ط

z like the "z" in zebra	ظ
' is a glottal stop, like between the syllables of "uh-oh"	ع – ـع – ء
ğ like the "r" in French word *merci*	غ – ـغ – ـغ
f like the "f" in fall	ف – ـف
ğ like the "r" in French word *merci*	ق – ـق
k like the "k" in kite	ک – ـک
g like the "g" in game	گ – ـگ
l like the "l" in lost	ل – ـل
m like the "m" in master	م – ـم
n like the "n" in night	ن – ـن
v like the "v" in van	و
o like the "o" in ocean	و
On some occasions, it has no sound and becomes silent.	و
u like the "u" in sure	* و – او
h like the "h" in hotel	ه – ـه – ـهـ – هـ
e like the "e" in element	ه – ـه
y like the "y" in yellow	ی – ـی
I like the "ee" in need	* ای – ی – ـی – ایـ

* long vowels

7

It represents doubled consonants.	ّ

a like the "a" in animal	** اَ – َ
o like the "o" in ocean	** اُ – ُ
e like the "e" in element	** اِ – ِ

** short vowels

Persian Letters with the Same Pronunciation

t like the "t" in tree	ت – ت
	ط
ğ like the "r" in French word *merci*	ق – ق
	غ – غ – غ
h like the "h" in hotel	ح – ح
	ه – ه – ه – ه
s like the "s" in sun	ث – ث
	س – س
	ص – ص
z like the "z" in zebra	ذ
	ز
	ض
	ظ

Names Given to the Persian Letters

alef	‌آ– ‌ا
be	ب – بـ
pe	پ – پـ
te	ت – تـ
se	ث – ثـ
jim	ج – جـ
če	چ – چـ
he	ح – حـ
ǩe	خ – خـ
dǎl	د
zǎl	ذ
re	ر
ze	ز
že	ژ
sin	س – سـ
šin	ش – شـ
sǎd	ص – صـ
zǎd	ض– ضـ

tă	ط
ză	ظ
eyn	ع – ہ – ء
ğeyn	غ – ف – غ
fe	ف – ف
ğăf	ق – ق
kăf	ک – ک
găf	گ – گ
lăm	ل – ل
mim	م – م
nun	ن – ز
văv	و
he	ه – ہ – ھ – ھ
ye	ی – ی

1000+

Most Useful

PERSIAN WORDS

FAMILY

خانواده

/kǎ.ne.vǎ.de/

aunt (your father's sister)	عمّه /'am.me/
aunt (your mother's sister)	خاله /kǎ.le/
brother	برادر /ba.rǎ.dar/
brother-in-law (your wife's brother) (your husband's brother) (your sister's husband)	برادر زن /ba.rǎ.dar- zan/ برادر شوهر /ba.rǎ.dar- šo.har/ شوهر خواهر /šo.har- kǎ.har/

child	فرزند
	/far.zand/
cousin sister (daughter of your father's sister)	دختر عمّه /doǩ.tar- 'am.me/
(daughter of your mother's sister)	دختر خاله /doǩ.tar. ǩǎ.le/
(daughter of your mother's brother)	دختر دایی /doǩ.tar- dǎ.yi/
(daughter of your father's brother)	دختر عمو /doǩ.tar- 'a.mu/

cousin brother (son of your father's sister)	پسر عمّه /pe.sar- ʿam.me/
(son of your mother's sister)	پسر خاله /pe.sar- kǎ.le/
(son of your mother's brother)	پسر دایی /pe.sar- dǎ.yi/
(son of your father's brother)	پسر عمو /pe.sar- ʿa.mu/
daughter	دختر /dok̆.tar/
daughter-in-law	عروس /ʿa.rus/
father	پدر /pe.dar/
father-in-law (your wife's father)	پدر زن /pe.dar- zan/

father-in-law (your husband's father)	پدر شوهر /pe.dar- šo.har/
friend	دوست /dust/
grandchild	نوه /na.ve/
grandfather	پدربزرگ /pe.dar.bo.zorg/
grandmother	مادربزرگ /mǎ.dar.bo.zarg/
husband	شوهر /šo.har/
mother	مادر /mǎ.dar/
mother-in-law (your wife's mother)	مادر زن /mǎ.dar- zan/
mother-in-law (your husband's mother)	مادر شوهر /mǎ.dar- šo.har/

nephew/ niece (your sister's child)	خواهر زاده /ǩǎ.har- zǎ.de/
nephew/ niece (your brother's child)	برادر زاده /ba.rǎ.dar- zǎ.de/
sister	خواهر /ǩǎ.har/
sister-in-law (your wife's sister) (your husband's sister) (your brother's wife)	خواهر زن /ǩǎ.har- zan/ خواهر شوهر /ǩǎ.har- šo.har/ زن برادر /zan- ba.rǎ.dar/
son	پسر /pe.sar/

son-in-law	داماد /dă.măd/
spouse	همسر /ham.sar/
uncle (your mother's brother)	دایی /dă.yi/
uncle (your father's brother)	عمو /ˤa.mu/
wife	زن /zan/

خانواده

SHAPES

شکل ها

/šekl.hă/

circle	دایره
	/dă.ye.re/
column	ستون
	/so.tun/
cube	مکعّب
	/mo.ka'.'ab/
cylinder	استوانه
	/os.to.vă.ne/
diamond	لوزی
	/lo.zi/
globe	کُره
	/ko.re/
oval	بیضی
	/bey.zi/

pyramid	هرم /he.ram/
rectangle	مستطيل /mos.ta.til/
square	مربّع /mo.rab.ba'/
triangle	مثلّث /mo.sal.las/

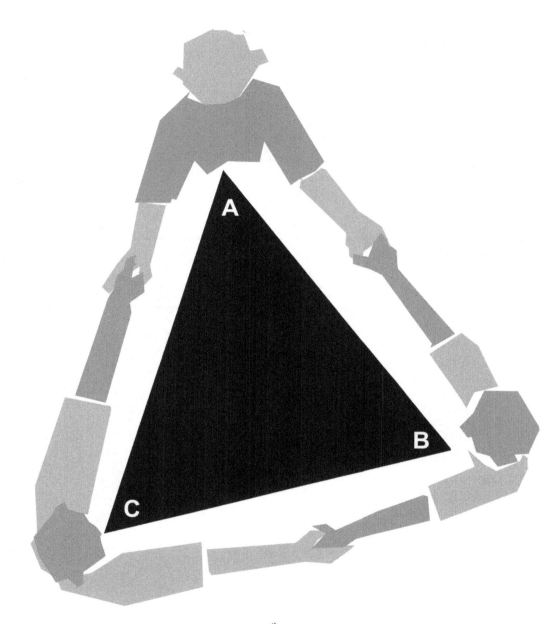

مثلّث

COLORS

رنگ ها

/rang.hă/

black	سیاه
	/si.yăh/
blue	آبی
	/ă.bi/
brown	قهوه ای
	/ğah.ve.i/
chocolate	شکلاتی
	/šo.ko.lă.ti/
cream	کِرِم
	/ke.rem/
crimson	زرشکی
	/ze.reš.ki/
fuchsia	سرخابی
	/sor.kă.bi/
gold	طلایی
	/ta.lă.yi/

gray	خاکستری /kǎ.kes.ta.ri/
green	سبز /sabz/
henna	حنایی /ha.nǎ.yi/
jade	یشمی /yaš.mi/
lemon	لیمویی /li.mu.yi/
navy blue	سرمه ای /sor.me.i/
olive	زیتونی /zey.tu.ni/
orange	نارنجی /nǎ.ren.ji/
pink	صورتی /su.ra.ti/
purple	بنفش /ba.nafš/

red	قرمز /ğer.mez/ سرخ /sorǩ/
silver	نقره ای /noğ.re.i/
teal	نیلی /ni.li/
turquoise	فیروزه ای /fi.ru.ze.i/
violet	ارغوانی /ar.ğa.vǎ.ni/
white	سفید /se.fid/
yellow	زرد /zard/

NUMBERS

عددها

/'a.dad.hǎ/

zero	صفر – ٠ /sefr/
one	یک – ١ /yek/
two	دو – ٢ /do/
three	سه – ٣ /se/
four	چهار – ۴ /ča.hǎr/
five	پنج – ۵ /panj/
six	شش – ۶ /šeš/
seven	هفت – ٧ /haft/

eight	۸ - هشت /hašt/
nine	۹ - نه /noh/
ten	۱۰ - ده /dah/
eleven	۱۱ - یازده /yăz.dah/
twelve	۱۲ - دوازده /da.văz.dah/
thirteen	۱۳ - سیزده /siz.dah/
fourteen	۱۴ - چهارده /ča.hăr.dah/
fifteen	۱۵ - پانزده /pănz.dah/
sixteen	۱۶ - شانزده /šănz.dah/
seventeen	۱۷ - هفده /hef.dah/

eighteen	۱۸ -هجده /hej.dah/
nineteen	۱۹ -نوزده /nuz.dah/
twenty	۲۰ -بیست /bist/
twenty one	۲۱ -بیست و یک /bis.to- yek/
thirty	۳۰ -سی /si/
forty	۴۰ -چهل /če.hel/
fifty	۵۰ -پنجاه /pan.jăh/
sixty	۶۰ -شصت /šast/
seventy	۷۰ -هفتاد /haf.tăd/
eighty	۸۰ -هشتاد /haš.tăd/

ninety	نود – ۹۰
	/na.vad/
hundred	صد – ۱۰۰
	/sad/
two hundred	دویست – ۲۰۰
	/de.vist/
three hundred	سیصد – ۳۰۰
	/si.sad/
four hundred	چهارصد – ۴۰۰
	/ča.hăr.sad/
five hundred	پانصد – ۵۰۰
	/păn.sad/
six hundred	ششصد – ۶۰۰
	/šeš.sad/
seven hundred	هفتصد – ۷۰۰
	/haf.sad/
eight hundred	هشتصد – ۸۰۰
	/hašt.sad/
nine hundred	نهصد – ۹۰۰
	/noh.sad/

thousand	هزار– ۱۰۰۰ /he.zăr/
two thousand	دو هزار– ۲۰۰۰ /do- he.zăr/
hundred thousand	صد هزار– ۱۰۰۰۰۰ /sad- he.zăr/
million	میلیون– ۱۰۰۰۰۰۰ /mil.yun/
milliard	میلیارد– ۱۰۰۰۰۰۰۰۰ /mil.yărd/

SEASONS

فصل ها

/fasl.hă/

spring	بهار
	/ba.hăr/
summer	تابستان
	/tă.bes.tăn/
fall	پاییز
	/pă.yiz/
winter	زمستان
	/ze.mes.tăn/

زمستان

NATURAL EVENTS

وقایع طبیعی

/va.ğă.ye.ʿe- ta.bi.ʿi/

avalanche	بهمن /bah.man/
blizzard	کولاک /ku.lăk/
breeze	نسیم /na.sim/
drought	خشکسالی /ǩošk.să.li/
earthquake	زمین لرزه /za.min- lar.ze/
flood	سیل /seyl/
fog	مِه /meh/
hail	تگرگ /ta.garg/

rain	باران /bă.răn/
snow	برف /barf/
storm	توفان /tu.făn/
tornado	گردباد /gerd.băd/
volcano	آتشفشان /ă.taš.fe.šăn/
wind	باد /băd/

توفان

TIME

زمان

/za.mǎn/

after	بعد از
	/ba'd- az/
afternoon	بعد از ظهر
	/ba'd- az- zohr/
before	قبل از
	/ğabl- az/
century	قرن
	/ğarn/
day	روز
	/ruz/
decade	دهه
	/da.he/

evening	عصر /'asr/
hour	ساعت /să.'at/
last month	ماه گذشته /mă.he- go.zaš.te/
last night	دیشب /di.šab/
last week	هفتهٔ گذشته /haf.te.ye- go.zaš.te/
last year	پارسال /păr.săl/
mid-night	نصفه شب /nes.fe- šab/
minute	دقیقه /da.ği.ğe/
month	ماه /măh/

morning	صبح /sobh/
never	هرگز /har.gez/
night	شب /šab/
next month	ماه آینده /mǎ.he- ǎ.yan.de/
next week	هفتهٔ آینده /haf.te.ye- ǎ.yan.de/
next year	سال آینده /sǎ.le- ǎ.yan.de/
noon	ظهر /zohr/
second	ثانیه /sǎ.ni.ye/
the day before yesterday	پریروز /pa.ri.ruz/

the night before last night	پریشب
	/pa.ri.šab/
this afternoon	امروز عصر
	/em.ruz- 'asr/
this morning	امروز صبح
	/em.ruz- sobh/
today	امروز
	/em.ruz/
tomorrow	فردا
	/far.dă/
tomorrow afternoon	فردا بعد از ظهر
	/far.dă- ba'd- az- zohr/
tomorrow evening	فردا عصر
	/far.dă- 'asr/
tomorrow morning	فردا صبح
	/far.dă- sobh/
tomorrow night	فردا شب
	/far.dă- šab/

tonight	امشب /em.šab/
week	هفته /haf.te/
year	سال /săl/
yesterday	دیروز /di.ruz/

زمان

DAYS OF THE WEEK

روزهای هفته

/ruz.hă.ye- haf.te/

Saturday	شنبه
	/šan.be/
Sunday	یک شنبه
	/yek- šan.be/
Monday	دوشنبه
	/do- šan.be/
Tuesday	سه شنبه
	/se- šan.be/
Wednesday	چهارشنبه
	/ča.hăr- šan.be/
Thursday	پنج شنبه
	/panj- šan.be/
Friday	جمعه
	/jom.'e/

MONTHS OF THE YEAR

ماه های سال

/măh.hă.ye- săl/

April	فروردین /far.var.din/
May	اردیبهشت /or.di.be.hešt/
June	خرداد /ǩor.dăd/
July	تیر /tir/
August	مرداد /mor.dăd/
September	شهریور /šah.ri.var/
October	مهر /mehr/

November	آبان /ǎ.bǎn/
December	آذر /ǎ.zar/
January	دی /dey/
February	بهمن /bah.man/
March	اسفند /es.fand/

SKY

آسمان

/ă.se.măn/

atmosphere	اتمسفر /at.mos.fer/
earth	زمین /za.min/
galaxy	کهکشان /kah.ka.šăn/
meteor	شهاب /ša.hăb/
moon	ماه /măh/
planet	سیّاره /say.yă.re/
sun	خورشید /ḱor.šid/

star	ستاره
	/se.tă.re/
universe	جهان
	/ja.hăn/

PROFESSIONS

شغل ها

/šoğl.hă/

accountant	حسابدار /he.săb.dăr/
actor	هنرپیشه /ho.nar.pi.še/
anthropologist	زمین شناس /za.min- še.năs/
architect	آرشیتکت /ăr.ši.tekt/
astronaut	فضانورد /fa.ză.na.vard/
attorney	وکیل /va.kil/
barber	آرایشگر /ă.ră.yeš.gar/

butcher	قصّاب
	/ğas.săb/
carpenter	نجّار
	/naj.jăr/
college student	دانشجو
	/dă.neš.ju/
computer programmer	برنامه ریز کامپیوتر
	/bar.nă.me.ri.ze- kăm.pi.yu.ter/
cook	آشپز
	/ăš.paz/
dentist	دندانپزشک
	/dan.dăn.pe.zešk/
doctor	دکتر
	/dok.tor/
driver	راننده
	/ră.nan.de/
electrician	برقکار
	/barğ.kăr/
engineer	مهندس
	/mo.han.des/

farmer	کشاورز /ke.šǎ.varz/
fashion designer	طرّاح لباس /tar.rǎ.he- le.bǎs/
firefighter	مامور آتش نشانی /ma.mu.re- ǎ.taš.ne.šǎ.ni/
fly attendant	مهماندار هواپیما /meh.mǎn.dǎ.re- ha.vǎ.pey.mǎ/
graphic designer	گرافیست /ge.rǎ.fist/
illustrator	تصویرگر /tas.vir.gar/
journalist	خبرنگار /ǩa.bar.ne.gǎr/
judge	قاضی /ǧǎ.zi/
librarian	کتابدار /ke.tǎb.dǎr/
musician	موسیقیدان /mu.si.ǧi.dǎn/

nurse	پرستار /pa.ras.tăr/
painter	نقّاش /nağ.ğăš/
pharmacist	داروساز /dă.ru.săz/
photographer	عکّاس /ʿak.kăs/
pilot	خلبان /ǩa.la.băn/
plumber	لوله کش /lu.le.keš/
poet	شاعر /šă.ʿer/
politician	سیاستمدار /si.yă.sat.ma.dăr/
postman	پستچی /post.či/

professor	استاد دانشگاه /os.tă.de- dă.neš.găh/
physician	پزشک /pe.zešk/
researcher	محقّق /mo.hağ.ğeğ/
scientist	دانشمند /dă.neš.mand/
secretary	منشی /mon.ši/
singer	خواننده /kă.nan.de/
soldier	سرباز /sar.băz/
student	دانش آموز /dă.neš- ă.muz/
tailor	خیّاط /kay.yăt/

teacher	معلّم /mo.ʿal.lem/
veterinarian	دامپزشک /dăm.pe.zešk/
waiter	گارسون /găr.son/
writer	نویسنده /ne.vi.san.de/

نقّاش

STORES

مغازه ها

/ma.ğă.ze.hă/

auto repair shop	مکانیکی /me.kă.ni.ki/
bakery	قنّادی /ğan.nă.di/
barber shop	سلمانی /sal.mă.ni/
bookstore	کتابفروشی /ke.tăb.fo.ru.ši/
boutique	بوتیک /bu.tik/
clothing store	لباس فروشی /le.băs- fo.ru.ši/
deli	ساندویچ فروشی /săn.de.vič- fo.ru.ši/
dry cleaner	اتو شویی /o.to.šu.yi/

electronic store	لوازم برقی فروشی /la.vǎ.ze.me- bar.ği- fo.ru.ši/
fabric store	پارچه فروشی /pǎr.če- fo.ru.ši/
flower shop	گل فروشی /gol- fo.ru.ši/
fruit store	میوه فروشی /mi.ve- fo.ru.ši/
furniture store	مبل فروشی /mobl- fo.ru.ši/
gas station	پمپ بنزین /pom.pe- ben.zin/
grocery store	بقّالی /bağ.ğǎ.li/
hair salon	سالن آرایش /sǎ.lo.ne- ǎ.rǎ.yeš/
ice cream shop	بستنی فروشی /bas.ta.ni- fo.ru.ši/
jewelry store	جواهر فروشی /ja.vǎ.her- fo.ru.ši/

newspaper stand	دکّهٔ روزنامه فروشی /dak.ke.ye- ruz.nă.me- fo.ru.ši/
pizzeria	پیتزا فروشی /pit.ză- fo.ru.ši/
pharmacy	داروخانه /dă.ru.kă.ne/
restaurant	رستوران /res.tu.răn/
shoe store	کفّاشی /kaf.fă.ši/
super market	سوپر مارکت /su.per- măr.ket/
toy store	اسباب بازی فروشی /as.băb- bă.zi- fo.ru.ši/

PLACES

مکان ها

/ma.kǎn.hǎ/

airport	فرودگاه /fo.rud.gǎh/
art gallery	گالری هنری /gǎ.le.ri.ye- ho.na.ri/
bank	بانک /bǎnk/
church	کلیسا /ke.li.sǎ/
court	دادگاه /dǎd.gǎh/
doctor's office	مطب دکتر /ma.ta.be- dok.tor/
fire station	ادارۀ آتش نشانی /e.dǎ.re.ye- ǎ.taš.ne.šǎ.ni/
hospital	بیمارستان /bi.mǎ.res.tǎn/

hotel	هتل /ho.tel/
library	کتابخانه /ke.tăb.kă.ne/
mosque	مسجد /mas.jed/
movie theatre	سینما /si.ne.mă/
museum	موزه /mu.ze/
park	پارک /părk/
play ground	زمین بازی /za.mi.ne- bă.zi/
police station	ادارۀ پلیس /e.dă.re.ye- po.lis/
post office	پستخانه /post.kaa.ne/
prison	زندان /zen.dăn/

58

school	مدرسه /mad.re.se/
stadium	استادیوم ورزشی /es.tă.di.yo.me- var.ze.ši/
travel agency	آژانس مسافرتی /ă.žăn.se- mo.să.fe.ra.ti/
university	دانشگاه /dă.neš.găh/
zoo	باغ وحش /bă.ğe- vahš/

دادگاه

SENSES

حس ها

/hes.hǎ/

sight	بینایی /bi.nǎ.yi/
smell	بویایی /bu.yǎ.yi/
hearing	شنوایی /še.na.vǎ.yi/
touch	لامسه /lǎ.me.se/
taste	چشایی /če.šǎ.yi/

بویایی

BODY PARTS

عضوهای بدن

/'ozv.hǎ.ye- ba.dan/

ankle	مچ پا /mo.če- pǎ/
belly button	ناف /nǎf/
chest	سینه /si.ne/
cheek	گونه /gu.ne/
chin	چانه /čǎ.ne/
ear	گوش /guš/
elbow	آرنج /ǎ.ranj/
eye	چشم /čašm/

eyebrow	ابرو /ab.ru/
eyelash	مژه /mo.že/
face	صورت /su.rat/
finger	انگشت دست /an.goš.te- dast/
fist	مشت /mošt/
foot	پا /pă/
forehead	پیشانی /pi.šă.ni/
gum	لثّه /las.se/
hair	مو /mu/
hand	دست /dast/

head	سر /sar/
heart	قلب /ğalb/
knee	زانو /ză.nu/
lip	لب /lab/
lung	ریه /ri.ye/
mouth	دهان /da.hăn/
nail	ناخن /nă.ǩon/
neck	گردن /gar.dan/
nose	بینی /bi.ni/
shoulder	شانه /šă.ne/

skeleton	اسکلت
	/es.ke.let/
skull	جمجمه
	/jom.jo.me/
stomach	شکم
	/še.kam/
throat	حلق
	/halğ/
toe	انگشت پا
	/an.goš.te- pă/
tongue	زبان
	/za.băn/
tooth	دندان
	/dan.dăn/
wrist	مچ دست
	/mo.če- dast/

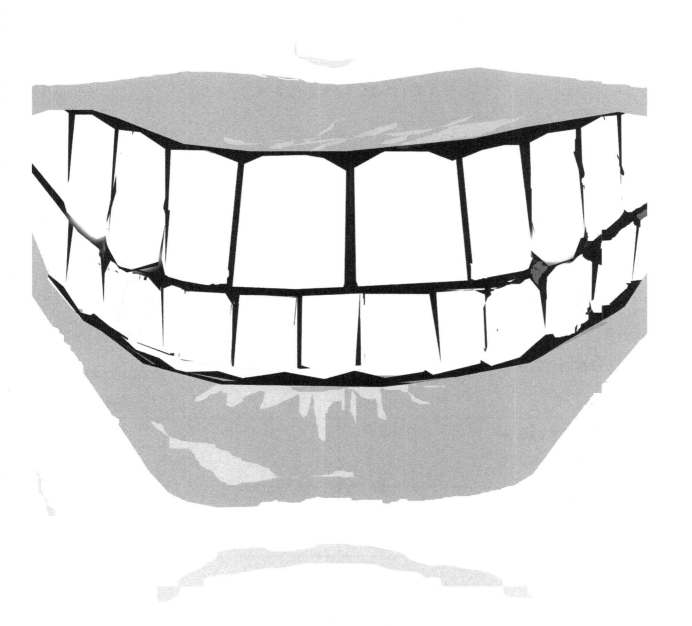

دندان

FRUITS

ميوه ها

/mi.ve.hă/

apple	سیب /sib/
apricot	زردآلو /zar.dă.lu/
banana	موز /moz/
cherries	گیلاس /gi.lăs/
coconut	نارگیل /năr.gil/
date	خرما /ǩor.mă/
fig	انجیر /an.jir/

grape(s)	انگور /an.gur/
grapefruit	گریپ فروت /ge.reyp.fo.rut/
kiwi	کیوی /ki.vi/
mango	انبه /an.be/
melon	طالبی /tǎ.le.bi/
mulberry	توت /tut/
orange	پرتقال /por.te.ğǎl/
peach	هلو /ho.lu/
pear	گلابی /go.lǎ.bi/
persimmon	خرمالو /ǩor.mǎ.lu/

plum	آلو /ă.lu/
pomegranate	انار /a.năr/
sour cherries	آلبالو /ăl.bă.lu/
strawberry	توت فرنگی /tut- fa.ran.gi/
tangerine	نارنگی /nă.ren.gi/
watermelon	هندوانه /hen.de.vă.ne/

انگور

VEGETABLES

سبزیجات

/sab.zi.jăt/

avocado	آوکادو
	/ă.vo.kă.do/
broccoli	کلم بروکلی
	/ka.lam- bo.ruk.li/
cabbage	کلم
	/ka.lam/
carrot	هویج
	/ha.vij/
cauliflower	گل کلم
	/gol- ka.lam/
celery	کرفس
	/ka.rafs/
corn	ذرّت
	/zor.rat/
cucumber	خیار
	/ǩi.yăr/

eggplant	بادمجان /bǎ.dem.jǎn/
garlic	سیر /sir/
green beans	لوبیا سبز /lu.bi.yǎ- sabz/
green pepper	فلفل سبز /fel.fel- sabz/
lemon	لیمو /li.mu/
lettuce	کاهو /kǎ.hu/
lima bean	باقالی /bǎ.ğǎ.li/
mushroom	قارچ /ğǎrč/
onion	پیاز /pi.yǎz/
potato	سیب زمینی /sib- za.mi.ni/

pumpkin	کدو تنبل
	/ka.du- tan.bal/
spinach	اسفناج
	/es.fe.nǎj/
tomato	گوجه فرنگی
	/go.je- fa.ran.gi/
turnip	شلغم
	/šal.ğam/
zucchini	کدو
	/ka.du/

FOODS

غذا ها

/ğa.ză.hă/

bread	نان
	/năn/
butter	گَره
	/ka.re/
cheese	پنیر
	/pa.nir/
chicken	مرغ
	/morğ/
dumpling	پیراشکی
	/pi.răš.ki/
egg	تخم مرغ
	/tok̆.me- morğ/
fish	ماهی
	/mă.hi/

fries	سیب زمینی سرخ کرده /sib.za.mi.ni- sorǩ- kar.de/
hamburger	همبرگر /ham.ber.ger/
honey	عسل /ˈa.sal/
jam	مربّا /mo.rab.bă/
lasagna	لازانیا /lă.ză.ni.yă/
meat	گوشت /gušt/
mashed potatoes	پورۀ سیب زمینی /pu.re.ye- sib.za.mi.ni/
oil	روغن /ro.ğan/
olive oil	روغن زیتون /ro.ğan- zey.tun/

omelet	اُملت
	/om.let/
pasta	ماکارونی
	/mă.kă.ro.ni/
pizza	پیتزا
	/pit.ză/
pottage	آش
	/ăš/
rice (uncooked)	برنج
	/be.renj/
rice (cooked)	پلو
	/po.lo/
salad	سالاد
	/să.lăd/
sandwich	ساندویچ
	/săn.de.vič/
shrimp	میگو
	/mey.gu/

soup	سوپ /sup/
sour cream	خامه /kă.me/
stew	خورش /ko.reš/
sugar	شکر /še.kar/
turkey	بوقلمون /bu.ğa.la.mun/
yogurt	ماست /măst/

همبرگر

BEVERAGES

نوشیدنی ها

/nu.ši.da.ni.hă/

beer	آبجو
	/ă.be.jo/
chocolate milk	شیر کاکائو
	/šir- kă.kă.u/
coffee	قهوه
	/ğah.ve/
juice	آبمیوه
	/ăb.mi.ve/
lemonade	لیموناد
	/li.mu.năd/
milk	شیر
	/šir/
shake	معجون
	/maʻ.jun/
soda	نوشابه
	/nu.šă.be/

tea	چای /čăy/
water	آب /ăb/
wine	شراب /ša.răb/

شیر

SNACKS

تنقّلات

/ta.naǧ.ǧo.lăt/

cake	کیک
	/keyk/
cheese balls	پفک
	/po.fak/
chocolate	شکلات
	/šo.ko.lăt/
cookie	شیرینی
	/ši.ri.ni/
cotton candy	پشمک
	/paš.mak/
donut	دونات
	/do.năt/
fruit loop	لواشک
	/la.vă.šak/

fruit snack	پاستیل /păs.til/
gum	آدامس /ă.dăms/
hard candy	آب نبات /ăb.na.băt/
ice cream	بستنی /bas.ta.ni/
lollypop	آب نبات چوبی /ăb.na.băt- ču.bi/
pop corn	ذرّت بو داده /zor.ra.te- bu.dă.de/
popsicle	بستنی یخی /bas.ta.ni- ya.ǩi/
potato chips	چیپس /čips/
pretzel sticks	چوب شور /čub- šur/

بستنی

ANIMALS

حیوانات

/hey.vǎ.nǎt/

alligator	سوسمار
	/sus.mǎr/
ant	مورچه
	/mur.če/
bat	خفّاش
	/ǩof.fǎš/
bee	زنبور
	/zan.bur/
bear	خرس
	/ǩers/
bird	پرنده
	/pa.ran.de/
butterfly	پروانه
	/par.vǎ.ne/

camel	شتر /šo.tor/
cat	گربه /gor.be/
chicken	مرغ /morğ/
cow	گاو /găv/
crab	خرچنگ /ǩar.čang/
crow	کلاغ /ka.lăğ/
cockroach	سوسک /susk/
deer	گوزن /ga.vazn/
dog	سگ /sag/

dolphin	دلفین /dol.fin/
donkey	اُلاغ /o.lăğ/
duck	اُردک /or.dak/
eagle	عقاب /'o.ğăb/
elephant	فیل /fil/
fish	ماهی /mă.hi/
fly	مگس /ma.gas/
fox	روباه /ru.băh/
frog	قورباغه /ğur.bă.ğe/

giraffe	زرّافه /zar.rǎ.fe/
goat	بز /boz/
horse	اسب /asb/
lion	شیر /šir/
lizard	مارمولک /mǎr.mu.lak/
monkey	میمون /mey.mun/
mosquito	پشه /pa.še/
mouse	موش /muš/
owl	جغد /joğd/
parrot	طوطی /tu.ti/

peacock	طاووس /tă.vus/
penguin	پنگوئن /pan.gu.an/
pig	خوک /ǩuk/
pigeon	کبوتر /ka.bu.tar/
rabbit	خرگوش /ǩar.guš/
rooster	خروس /ǩo.rus/
shark	کوسه /ku.se/
sheep	گوسفند /gus.fand/
snail	حلزون /ha.la.zun/

snake	مار
	/mǎr/
sparrow	گنجشک
	/gon.ješk/
spider	عنکبوت
	/ʻan.ka.but/
squirrel	سنجاب
	/san.jǎb/
swan	قو
	/ğu/
tiger	ببر
	/babr/
turkey	بوقلمون
	/bu.ğa.la.mun/
turtle	لاکپشت
	/lǎk.pošt/
wolf	گرگ
	/gorg/

worm	کِرم
	/kerm/
zebra	گورخر
	/gu.re.ǩar/

طوطی

TRANSPORTATION VEHICLES

وسائل نقلیه

/va.să.e.le- nağ.li.ye/

airplane	هواپیما
	/ha.vă.pey.mă/
ambulance	آمبولانس
	/ăm.bu.lăns/
boat	قایق
	/ğă.yeğ/
bicycle	دوچرخه
	/do.čar.ǩe/
bus	اتوبوس
	/o.to.bus/
car	ماشین
	/mă.šin/
helicopter	هلیکوپتر
	/he.li.kup.ter/

minibus	مینی بوس /mi.ni.bus/
motorcycle	موتورسیکلت /mo.tor.sik.let/
train	ترن /te.ran/ قطار /ğa.tăr/
truck	کامیون /kă.mi.yun/
ship	کشتی /kaš.ti/
stroller	کالسکۀ بچّه /kă.les.ke.ye- bach.če/
submarine	زیردریایی /zir.dar.yă.yi/

ماشین

STARIONARIES

لوازم تحریر

/la.vă.ze.me- tah.rir/

bag	کیف
	/kif/
backpack	کوله پشتی
	/ku.le- poš.ti/
binder	کلاسور
	/ke.lă.sor/
book	کتاب
	/ke.tăb/
card board	مقوّا
	/mo.ğav.vă/
color pencil	مداد رنگی
	/me.dăd- ran.gi/
crayon	مداد شمعی
	/me.dăd- šam.ˤi/

envelope	پاکت /pă.kat/
eraser	مداد پاک کن /me.dăd- păk- kon/
folder	پوشه /pu.še/
fountain pen	خودنویس /ḱod.ne.vis/
glue	چسب مایع /čas.be- mă.yeʻ/
notebook	دفترچه /daf.tar.če/
marker	ماژیک /mă.žik/
paper	کاغذ /kă.ğaz/
pen	خودکار /ḱod.kăr/

pencil	مداد /me.dăd/
pencil sharpener	مداد تراش /me.dăd- ta.răš/
pencil box	جامدادی /ja.me.dă.di/
ruler	خط کش /ǩat.keš/
staples	منگنه /man.ge.ne/
tape	چسب نواری /čas.be- na.vă.ri/
water color	آبرنگ /ăb.rang/

مداد

GARMENTS

پوشاک

/pu.šăk/

blouse	بلوز /bo.luz/
cardigan	ژاکت /žă.kat/
cape	شنل /še.nel/
coat	پالتو /păl.to/
dress	پیراهن /pi.ră.han/
gloves	دستکش /dast.keš/
hat	کلاه /ko.lăh/

head scarf	روسری /ru.sa.ri/
jacket	کاپشن /kăp.šen/
pajamas	لباس خواب /le.băs- kăb/
pants	شلوار /šal.văr/
scarf	شال گردن /šăl- gar.dan/
shorts	شلوار کوتاه /šal.văr- ku.tăh/
skirt	دامن /dă.man/
socks	جوراب /ju.răb/
suit	کت مردانه /ko.te- mar.dă.ne/

sweater	پولیور /po.li.ver/
swim wear	مایو /mă.yo/
tie	کراوات /ke.ră.văt/
t-shirt	تی شرت /ti.šert/
under wear	لباس زیر /le.băs.zir/
vest	جلیقه /je.li.ğe/

شلوار

ACCESSORIES

زیورآلات

/zi.var.ă.lăt/

bangles	النگو
	/a.lan.gu/
bracelet	دستبند
	/dast.band/
brooch	سنجاق سینه
	/san.jăğ- si.ne/
earrings	گوشواره
	/guš.vă.re/
glasses	عینک
	/'ey.nak/
hair clip	سنجاق سر
	/san.jăğ- sar/
necklace	گردنبند
	/gar.dan.band/

sun glasses	عینک آفتابی /'ey.na.ke- ăf.tă.bi/
watch	ساعت مچی /să.'a.te- mo.či/

FOOTWEAR

کفش

/kafš/

boots	چکمه /čak.me/
high heels	کفش پاشنه بلند /kaf.še- păš.ne- bo.land/
sandals	صندل /san.dal/
shoes	کفش /kafš/
slippers	دم پایی /dam.pă.yi/
sneakers	کفش ورزشی /kaf.še- var.ze.ši/

كفش

FURNITURE

مبلمان

/mob.le.măn/

armoire	كمد لباس /ko.mo.de- le.băs/
bed	تختخواب /tak̆.te.k̆ăb
bench	نیمکت /nim.kat/
book shelves	قفسهٔ کتاب /ğa.fa.se.ye- ke.tăb/
chair	صندلی /san.da.li/
desk	میز تحریر /mi.ze- tah.rir/
recliner	صندلی راحتی /san.da.li.ye- ră.ha.ti/

sofa	مبل **/mobl/**
table	میز **/miz/**

صندلی

LINENS

ملحفه

/mal.ha.fe/

blanket	پتو
	/pa.tu/
comforter(s)	لحاف
	/la.hăf/
cushion	کوسن
	/ku.san/
mattress	دشک
	/do.šak/
pillow	بالش
	/bă.leš/
pillow case	روبالشی
	/ru.bă.le.ši/
sheet(s)	ملافه
	/ma.lă.fe/
sleeping bag	کیسه خواب
	/ki.se- ̆kăb/

KITCHENWARE

لوازم آشپزخانه

/la.vă.ze.me- ăš.paz.kă.ne/

bowl	کاسه
	/kă.se/
cup	فنجان
	/fen.jăn/
fork	چنگال
	/čan.găl/
glass	لیوان
	/li.văn/
grater	رنده
	/ran.de/
kettle	کتری
	/ket.ri/
knife	چاقو
	/čă.ğu/
pan	ماهی تابه
	/mă.hi- tă.be/

plate	بشقاب
	/boš.ğăb/
pot	قابلمه
	/ğăb.la.me/
saucer	نعلبکی
	/naʿl.be.ki/
spoon	قاشق
	/ğă.šoğ/
straw	نی
	/ney/
tea pot	قوری
	/ğu.ri/
tray	سینی
	/si.ni/

کتری

PERSONAL CARE PRODUCTS

لوازم بهداشت و زیبایی

/la.vă.ze.me- beh.dăšt- va- zi.bă.yi/

comb	شانه
	/šă.ne/
dental floss	نخ دندان
	/na.ǩe- dan.dăn/
eye shadow	سایه
	/să.ye/
hair conditioner	نرم کنندۀ مو
	/narm.ko.nan.de.ye- mu/
hair brush	برس مو
	/bo.ro.se- mu/
lip gloss	برق لب
	/bar.ǧe- lab/
lipstick	ماتیک
	/mă.tik/

liquid make-up	كِرم پودر
	/ke.rem.pudr/
lotion	كِرم
	/ke.rem/
mascara	ریمل
	/ri.mel/
nail polish	لاک ناخن
	/lă.ke- nă.ǩon/
perfume	عطر
	/ʿatr/
powder	پودر
	/pudr/
shampoo	شامپو
	/šăm.pu/
soap	صابون
	/să.bun/
tooth brush	مسواک
	/mes.văk/

tooth paste	خمیر دندان /ǩa.mir- dan.dǎn/
towel	حوله /ho.le/

مسواک و خمیر دندان

ELECTRONICS & APPLIANCES

لوازم برقی خانگی

/la.vă.ze.me- bar.ği.ye- kă.ne.gi/

air conditioner	کولر
	/ku.ler/
camera	دوربین
	/dur.bin/
computer	کامپیوتر
	/kăm.pi.yu.ter/
dishwasher	ماشین ظرفشویی
	/mă.ši.ne- zarf.šu.yi/
dryer	خشک کن
	/košk.kon/
fan	پنکه
	/pan.ke/
freezer	فریزر
	/fe.ri.zer/

fridge	یخچال /yak̆.čăl/
hair dryer	سشوار /se.šu.ăr/
heater	بخاری /bo.k̆ă.ri/
iron	اُتو /o.tu/
lamp	چراغ /če.răğ/
microwave	ماکرو ویو /măk.ro.veyv/
oven	فر /fer/
radio	رادیو /ră.di.yo/
shaver	ریش تراشی /riš- ta.ră.ši/
stove	اُجاق گاز /o.jăğ.găz/

telephone	تلفن /te.le.fon/
television	تلویزیون /te.le.vi.zi.yon/
washing machine	ماشین لباسشویی /mă.ši.ne- le.băs.šu.yi/
vacuum	جاروبرقی /jă.ru- bar.ği/

یخچال

MUSICAL INSTRUMENTS

سازها (آلات موسیقی)

/săz.hă/ (/ă/lă.te- mu.si.ği/)

accordion	آکاردئون /ă.kăr.de.on/
cello	ویولونسل /vi.yo.lon.sel/
drum	طبل /tabl/
flute	فلوت /fo.lut/
guitar	گیتار /gi.tăr/
harmonica	ساز دهنی /săz- da.ha.ni/
harp	چنگ /čang/

piano	پیانو
	/pi.ya.no/
saxophone	ساکسیفون
	/săk.si.fon/
trumpet	شیپور
	/šey.pur/
violin	ویولون
	/vi.yo.lon/

طبل

SPORTS

ورزش

/var.zeš/

American football	فوتبال آمریکایی /fut.bă.le- ăm.ri.kă.yi/
archery	تیراندازی /tir.an.dă.zi/
automobile racing	مسابقۀ اتومبیل رانی /mo.să.be.ğe.ye- o.to.mo.bil.ră.ni/
ballet	باله /bă.le/
baseball	بیس بال /beys.băl/
basketball	بسکتبال /bas.ket.băl/
bowling	بولینگ /bo.ling/

boxing	بوکس /boks/
cycling	دوچرخه سواری /do.čar.ke- sa.vă.ri/
diving	غواصّی /ğav.vă.si/
fencing	شمشیر بازی /šam.šir- bă.zi/
golf	گلف /golf/
gymnastics	ژیمناستیک /žim.năs.tik/
horse riding	اسب سواری /asb- sa.vă.ri/
ice skating	پاتیناژ /pă.ti.năž/
karate	کاراته /kă.ră.te/
marshal arts	ورزش های رزمی /var.zesh.hă.ye- raz.mi/

mountain hiking	کوهنوردی /kuh.na.var.di/
ping-pong	پینگ پنگ /ping- pong/
rock climbing	صخره نوردی /sak̆.re- na.var.di/
running	دو /do/
skating	اسکیت /es.keyt/
skiing	اسکی /es.ki/
soccer	فوتبال /fut.băl/
swimming	شنا /še.nă/
tennis	تنیس /te.nis/
volleyball	والیبال /vă.li.băl/

weight-lifting	وزنه برداری /vaz.ne- bar.dǎ.ri/
wrestling	کُشتی /koš.ti/
yoga	یوگا /yo.gǎ/

دوچرخه سواری

NATURE

طبیعت

/ta.bi.ʿat/

beach /sǎ.hel/	ساحل
blossom /šo.ku.fe/	شکوفه
branch /šǎ.ǩe/	شاخه
bush /bu.te/	بوته
desert /bi.yǎ.bǎn/	بیابان
farm /maz.ra.ʿe/	مزرعه
field /dašt/	دشت
flower /gol/	گل

fountain	چشمه /češ.me/
grass	چمن /ča.man/
leaf	برگ /barg/
mountain	کوه /kuh/
ocean	اقیانوس /o.ği.yă.nus/
pearl	مروارید /mor.vă.rid/
plain	تپّه /tap.pe/
river	رودخانه /rud.kă.ne/
rock	صخره /sak.re/
root	ریشه /ri.še/

sand	شن
	/šen/
sea	دریا
	/dar.yă/
seed	دانه
	/dă.ne/
shell	صدف
	/sa.daf/
soil	خاک
	/k̆ăk/
stone	سنگ
	/sang/
summit	قلّه
	/ğol.le/
sunrise	طلوع
	/to.luʿ/
sunset	غروب
	/ğo.rub/

tree	درخت /de.rakt/
valley	درّه /dar.re/
view	منظره /man.za.re/
waterfall	آبشار /ăb.šăr/
wave	موج /moj/

HOUSE

خانه

/kă.ne/

basement	زیرزمین /zir.za.min/
bathroom	دستشویی /dast.šu.yi/
bedroom	اتاق خواب /o.tăğ- kăb/
ceiling	سقف /sağf/
dining room	اتاق ناهارخوری /o.tă.ğe- nă.hăr.ǩo.ri/
door	در /dar/
fence	حصار /he.săr/

fireplace	بخاری دیواری /bo.kǎ.ri.ye- di.vǎ.ri/
garage	گاراژ /gǎ.rǎž/
hallway	راهرو /rǎh.ro/
key	کلید /ke.lid/
kitchen	آشپزخانه /ǎš.paz.kǎ.ne/
living room	اتاق نشیمن /o.tǎ.ğe- ne.ši.man/
lock	قفل /ğofl/
patio	ایوان /ey.vǎn/
pool	استخر /es.takr/

roof	بام /băm/
room	اتاق /o.tăğ/
stair	پلّه /pel.le/
wall	دیوار /di.văr/
window	پنجره /pan.je.re/
yard	حیاط /ha.yăt/

آشپزخانه

VERBS

فعل ها

/fe'l.hă/

accept	قبول کردن /ğa.bul- kar.dan/
answer	جواب دادن /ja.văb- dă.dan/
ask	پرسیدن /por.si.dan/
be	بودن /bu.dan/
be able to	توانستن /ta.vă.nes.tan/
become	شدن /šo.dan/
break	شکستن /še.kas.tan/

140

breathe	نفس کشیدن /na.fas- ke.ši.dan/
bring	آوردن /ă.var.dan/
buy	خریدن /ǩa.ri.dan/
call	تلفن کردن /te.le.fon- kar.dan/
catch	گرفتن /ge.ref.tan/
carry	حمل کردن /haml- kar.dan/
celebrate	جشن گرفتن /jašn- ge.ref.tan/
change	عوض کردن /'a.vaz- kar.dan/
choose	انتخاب کردن /en.te.ǩăb- kar.dan/

close	بستن /bas.tan/
come	آمدن /ă.ma.dan/
compete	مسابقه دادن /mo.să.be.ğe- dă.dan/
complete	کامل کردن /kă.mel- kar.dan/
continue	ادامه دادن /e.dă.me- dă.dan/
cook	پختن /pŏk.tan/
cough	سرفه کردن /sor.fe- kar.dan/
cross	عبور کردن /ʿo.bur- kar.dan/
cry	گریه کردن /ger.ye- kar.dan/

cut	بریدن /bo.ri.dan/
dance	رقصیدن /raǧ.si.dan/
decide	تصمیم گرفتن /tas.mim- ge.ref.tan/
decrease	کم کردن /kam- kar.dan/
deny	رد کردن /rad- kar.dan/
divide	جدا کردن /jo.dǎ- kar.dan/
do	کردن /kar.dan/
drink	نوشیدن /nu.ši.dan/
drive	رانندگی کردن /rǎ.nan.de.gi- kar.dan/

dust	گردگیری کردن /gard.gi.ri- kar.dan/
eat	خوردن /ḱor.dan/
empty	خالی کردن /ḱă.li- kar.dan/
encourage	تشویق کردن /taš.viǧ- kar.dan/
enter	وارد شدن /vă.red- šo.dan/
exercise	ورزش کردن /var.zeš- kar.dan/
exit	خارج شدن /ḱă.rej- šo.dan/
explain	توضیح دادن /to.zih- dă.dan/
fall	افتادن /of.tă.dan/

feel	احساس کردن /eh.săs- kar.dan/
fight	جنگیدن /jan.gi.dan/
fill	پُر کردن /por- kar.dan/
find	پیدا کردن /pey.dă- kar.dan/
finish	تمام کردن /ta.măm- kar.dan/
fire	اخراج کردن /eĕ.răj- kar.dan/
fish	ماهی گرفتن /mă.hi- ge.ref.tan/
fly	پرواز کردن /par.văz- kar.dan/
forget	فراموش کردن /fa.ră.muš- kar.dan/

give	دادن
	/dǎ.dan/
go	رفتن
	/raf.tan/
grow	رشد کردن
	/rošd- kar.dan/
happen	اتّفاق افتادن
	/et.te.fǎğ- of.tǎ.dan/
have	داشتن
	/dǎš.tan/
hear	شنیدن
	/še.ni.dan/
hit	زدن
	/za.dan/
hug	بغل کردن
	/ba.ğal- kar.dan/
increase	زیاد کردن
	/zi.yǎd- kar.dan/

introduce	معرفی کردن /mo.ʻa.re.fi- kar.dan/
invite	دعوت کردن /daʻ.vat- kar.dan/
kiss	بوسیدن /bu.si.dan/
know	دانستن /dă.nes.tan/
laugh	خندیدن /ǩan.di.dan/
learn	یاد گرفتن /yăd- ge.ref.tan/
lift	بلند کردن /bo.land- kar.dan/
hire	استخدام کردن /es.teǩ.dăm- kar.dan/
listen	گوش دادن /guš- dă.dan/

live	زندگی کردن /zen.de.gi- kar.dan/
lose	گم کردن /gom- kar.dan/
love	دوست داشتن /dust- dăš.tan/
make	درست کردن /do.rost- kar.dan/
measure	اندازه گرفتن /an.dă.ze- ge.ref.tan/
meet	آشنا شدن /ă.še.nă- šo.dan/
mix	مخلوط کردن /maǩ.lut- kar.dan/
need	احتیاج داشتن /eh.ti.yăj- dăš.tan/
open	باز کردن /băz- kar.dan/
paint	نقّاشی کردن /naǧ.ǧă.ši- kar.dan/

pay	پرداختن /par.dăk.tan/
pick up	برداشتن /bar.dăš.tan/
plant	کاشتن /kăš.tan/
play	بازی کردن /bă.zi- kar.dan/
pour	ریختن /riǩ.tan/
practice	تمرین کردن /tam.rin- kar.dan/
prepare	آماده کردن /ă.mă.de- kar.dan/
pull	کشیدن /ke.ši.dan/
push	هل دادن /hol- dă.dan/
put	گذاشتن /go.zăš.tan/

read	خواندن /kǎn.dan/
remember	به خاطر آوردن /be- kǎ.ter- ǎ.var.dan/
repeat	تکرار کردن /tek.rǎr- kar.dan/
rest	استراحت کردن /es.te.rǎ.hat- kar.dan/
return	برگشتن /bar.gaš.tan/
run	دویدن /da.vi.dan/
save	پس انداز کردن /pas.an.dǎz- kar.dan/
say	گفتن /gof.tan/
say good bye	خداحافظی کردن /ko.dǎ.hǎ.fe.zi- kar.dan/
say hello	سلام کردن /sa.lǎm- kar.dan/

scream	فریاد زدن
	/far.yăd- za.dan/
search	جستجو کردن
	/jos.te.ju- kar.dan/
see	دیدن
	/di.dan/
sell	فروختن
	/fo.ruǩ.tan/
send	فرستادن
	/fe.res.tă.dan/
shovel	پارو کردن
	/pă.ru- kar.dan/
show	نشان دادن
	/ne. šăn- dă.dan/
shower	دوش گرفتن
	/duš- ge.ref.tan/
sing	آواز خواندن
	/ă.văz- ǩăn.dan/
sit	نشستن
	/ne.šas.tan/

sleep	خوابیدن /k̆ă.bi.dan/
smell	بوییدن /bu.yi.dan/
smile	لبخند زدن /lab.k̆and- za.dan/
sneeze	عطسه کردن /ʿat.se- kar.dan/
stand	ایستادن /is.tă.dan/
start	شروع کردن /šo.ruʿ- kar.dan/
stay	ماندن /măn.dan/
suggest	پیشنهاد کردن /piš.na.hăd- kar.dan/
swim	شنا کردن /še.nă- kar.dan/

talk	حرف زدن
	/harf- za.dan/
taste	چشیدن
	/č.shi.dan/
teach	یاد دادن
	/yăd- dă.dan/
test	امتحان کردن
	/em.te.hăn- kar.dan/
thank	تشکّر کردن
	/ta.šak.kor- kar.dan/
think	فکر کردن
	/fekr- kar.dan/
touch	لمس کردن
	/lams- kar.dan/
translate	ترجمه کردن
	/tar.jo.me- kar.dan/
travel	سفر کردن
	/sa.far- kar.dan/

understand	فهمیدن /fah.mi.dan/
use	استفاده کردن /es.te.fă.de- kar.dan/
vacuum	جارو کردن /jă.ru- kar.dan/
vote	رأی دادن /ray- dă.dan/
wait	صبر کردن /sabr- kar.dan/
wake up	بیدار شدن /bi.dăr- šo.dan/
walk	راه رفتن /răh- raf.tan/
want	خواستن /ḵăs.tan/
wash	شستن /šos.tan/

water	آب دادن /ăb- dă.dan/
wear	پوشیدن /pu.ši.dan/
win	بردن /bor.dan/
work	کار کردن /kăr- kar.dan/
write	نوشتن /ne.veš.tan/
yawn	خمیازه کشیدن /kam.yă.ze- ke.ši.dan/

بازی کردن

ADJECTIVES

صفت ها

/se.fat.hă/

angry	عصبانی
	/ˈa.sa.bă.ni/
bad	بد
	/bad/
beautiful	زیبا
	/zi.bă/
big	بزرگ
	/bo.zorg/
bitter	تلخ
	/talk̆/
brave	شجاع
	/šo.jăˈ/

calm	آرام /ă.răm/
cheap	ارزان /ar.zăn/
clean	تمیز /ta.miz/
close	نزدیک /naz.dik/
closed	بسته /bas.te/
cold	سرد /sard/
colorful	رنگارنگ /ran.gă.rang/
delicious	خوشمزه /ǩoš.ma.ze/
depressed	افسرده /af.sor.de/

difficult	سخت /sak̆t/
dirty	کثیف /ka.sif/
down	پایین /pă.yin/
easy	آسان /ă.săn/
empty	خالی /k̆ă.li/
expensive	گران /ge.răn/
famous	مشهور /maš.hur/
far	دور /dur/
fat	چاق /čăğ/

fresh	تازه /tă.ze/
full	پُر /por/
good	خوب /ǩub/
happy	خوشحال /ǩoš.hăl/
heavy	سنگین /san.gin/
helpful	مفید /mo.fid/
hot	داغ /dăǧ/
huge	عظیم /ʻa.zim/
interesting	جالب /jă.leb/

jealous	حسود /ha.sud/
juicy	آبدار /ăb.dăr/
kind	مهربان /meh.ra.băn/
lazy	تنبل /tan.bal/
less	کمتر /kam.tar/
light	سبک /sa.bok/
long	دراز /de.răz/
more	بیشتر /biš.tar/
narrow	باریک /bă.rik/

new	نو /no/
old (person)	پیر /pir/
old (object)	کهنه /koh.ne/
open	باز /băz/
polite	مودّب /mo.ad.dab/
poor	فقیر /fa.ğir/
powerful	قدرتمند /ğod.rat.mand/
rich	ثروتمند /ser.vat.mand/
right	درست /do.rost/

sad	غمگین /ğam.gin/
salty	شور /šur/
scared	ترسیده /tar.si.de/
scary	ترسناک /tars.năk/
sharp	تیز /tiz/
shiny	برّاق /bar.răğ/
short	کوتاه /ku.tăh/
shy	خجالتی /ke.jă.la.ti/
skinny	لاغر /lă.ğar/

sleepy	خواب آلود
	/kǎb.ǎ.lud/
small	کوچک
	/ku.čak/
smart	باهوش
	/bǎ.huš/
sour	تُرش
	/torš/
sparkly	درخشان
	/de.rak̆.šǎn/
strong	قوی
	/ğa.vi/
sweet	شیرین
	/ši.rin/
tall	بلند
	/bo.land/
thirsty	تشنه
	/teš.ne/

tired	خسته /ǩas.te/
ugly	زشت /zešt/
up	بالا /bă.lă/
upset	ناراحت /nă.ră.hat/
warm	گرم /garm/
weak	ضعیف /za.'if/
wet	خیس /ǩis/
wide	پهن /pahn/
worried	نگران /ne.ga.răn/

wrong	غلط /ğa.lat/
young	جوان /ja.văn/

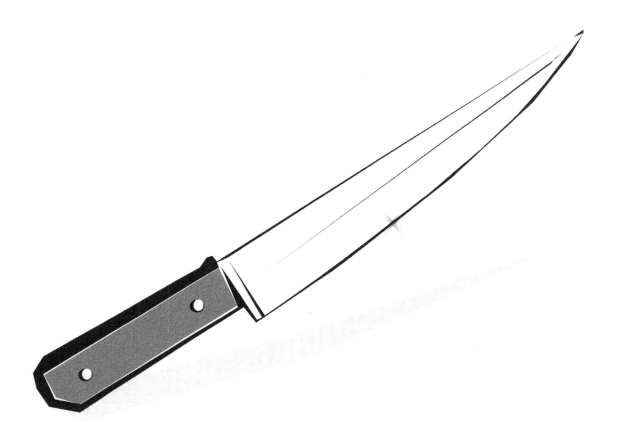

تیز

ADVERBS

قیدها

/ğeyd.hă/

also	هم /ham/
always	همیشه /ha.mi.še/
carefully	با دقّت /bă- değ.ğat/
daily	روزانه /ru.ză.ne/
easily	به راحتی /be- ră.ha.ti/
exactly	دقیقاً /da.ği.ğan/
finally	عاقبت /ʿă.ğe.bat/
here	اینجا /in.jă/

kindly	با مهربانی /bă- meh.ra.bă.ni/
maybe	شاید /šă.yad/
never	هرگز /har.gez/
now	حالا /hă.lă/
often	اغلب /ağ.lab/
only	فقط /fa.ğat/
quickly	با سرعت /bă- sor.'at/
rarely	به ندرت /be- nod.rat/
slowly	به آرامی /be- ă.ră.mi/

sometimes	گاهی /gă.hi/
then	بعد /ba'd/
there	آنجا /ăn.jă/
very	بسیار /bes.yăr/
weekly	هفتگی /haf.te.gi/
yearly	سالیانه /să.li.yă.ne/
yet	هنوز /ha.nuz/

QUESTION WORDS
کلمه های سوالی
/ka.la.me.hă.ye- so.ă.li/

How?	چگونه؟
	/če.gu.ne/
How many?	چند؟
	/čand/
How much?	چقدر؟
	/če.ğadr/
What?	چه؟
	/če/
When?	چه وقت؟
	/če- vağt/
Where?	کجا؟
	/ko.jaa/
Which?	کدام؟
	/ko.dăm/

Who?/ Whom?	چه کسی؟
	/če- ka.si/
Why?	چرا؟
	/če.rǎ/
With whom?	با چه کسی؟
	/bǎ- če- ka.si/

PRONOUNS

ضمیرها

/za.mir.hă/

all	همه
	/ha.me/
another	یکی دیگر
	/ye.ki- di.gar/
anyone	هر کس
	/har- kas/
anything	هر چیز
	/har- čiz/
each	هر یک
	/har- yek/
everyone	همه کس
	/ha.me- kas/
everything	همه چیز
	/ha.me- čiz/

he/ she	او /u/
I	من /man/
nobody	هیچ کس /hič- kas/
none	هیچ کدام /hič- ko.dăm/
nothing	هیچ چیز /hič- čiz/
someone	یک نفر /yek- na.far/
that	آن /ăn/
these	اینها /in.hă/
they/ those	آنها /ăn.hă/

this	این
	/in/
we	ما
	/mă/
you (singular)	تو
	/to/
you (plural)	شما
	/šo.mă/

PROPOSITIONS

حروف اضافه

/ho.ru.fe- e.ză.fe/

about	دربارهٔ /dar.bă.re.ye/
at/ in/ on	در /dar/
behind	پشتِ /poš.te/
below	زیرِ /zi.re/
between	بینِ /bey.ne/
during	در طیِ /dar- te.ye/
except	به جز /be- joz/
for	برایِ /ba.ră.ye/

like	مثلَ
	/mes.le/
to	به
	/be/
toward	به سویِ
	/be- su.ye/
until	تا
	/tă/
with	با
	/bă/
without	بدونَ
	/be.du.ne/

CONJUNCTIONS

حروف ربط

/ho.ru.fe- rabt/

and	و
	/va/
because	چون
	/čon/
but	امّا
	/am.mă/
even though	با وجود این که
	/bă- vo.ju.de- in- ke/
if	اگر
	/a.gar/
or	یا
	/yă/
unless	مگر این که
	/ma.gar- in- ke/
while	در حالی که
	/dar- hă.li- ke/

INDEX

181

56	داروخانه	161	دراز	56	دکّهٔ روزنامه فروشی
50	داروساز	176	دربارهٔ	88	دلفین
146	داشتن	178	در حالی که	107	دم پایی
160	داغ	135	درخت	66	دندان
18	داماد	164	درخشان	48	دندانپزشک
52	دامپزشک	162	درست	26,129	دو
102	دامن	148	درست کردن	27	دوازده
147	دانستن	176	در طیِ	94	دوچرخه
51	دانش آموز	135	درّه	128	دوچرخه سواری
48	دانشجو	134	دریا	159	دور
59	دانشگاه	64	دست	120	دوربین
51	دانشمند	105	دستبند	16	دوست
134	دانه	136	دستشویی	148	دوست داشتن
20	دایره	101	دستکش	151	دوش گرفتن
18	دایی	132	دشت	42	دوشنبه
15	دختر	112	دشک	83	دونات
14	دختر خاله	147	دعوت کردن	30	دوهزار
14	دختر دایی	98	دفترچه	150	دویدن
14	دختر عمو	168	دقیقاً	29	دویست
14	دختر عمّه	37	دقیقه	27	ده
136,176	در	48	دکتر	65	دهان

186

36	دهه	146	رفتن	89	زرّافه
44	دی	143	رقصیدن	25	زرد
151	دیدن	113	رنده	68	زردآلو
40	دیروز	158	رنگارنگ	23	زرشکی
37	دیشب	112	روبالشی	165	زشت
138	دیوار	88	روباه	31	زمستان
		133	رودخانه	45	زمین

ذ

72	ذرّت	36	روز	58	زمینِ بازی
84	ذرّت بوداده	168	روزانه	47	زمین شناس
		102	روسری	33	زمین لرزه

ر

		76	روغن	18	زن
121	رادیو	76	روغن زیتون	17	زن برادر
143	رانندگی کردن	149	ریختن	86	زنبور
48	راننده	121	ریش تراشی	58	زندان
154	راه رفتن	133	ریشه	148	زندگی کردن
137	راهرو	117	ریمل	146	زیاد کردن
154	رای دادن	65	ریه	157	زیبا
143	رد کردن			24	زیتونی

ز

56	رستوران			176	زیرِ
146	رشد کردن	65	زانو	95	زیر دریایی
		66	زبان	136	زیرزمین
		146	زدن		

شیپور	125
شیر	80,89
شیر کاکائو	80
شیرین	164
شیرینی	83

ص

صابون	117
صبح	38
صبر کردن	154
صخره	133
صخره نوردی	129
صد	29
صدف	134
صد هزار	30
صفر	26
صندل	107
صندلی	109
صندلی راحتی	109
صورت	64
صورتی	24

شکر	78
شکستن	140
شکلات	83
شکلاتی	23
شکم	66
شلوار	102
شلوار کوتاه	102
شما	175
شمشیربازی	128
شن	133
شنا	129
شنا کردن	152
شنبه	42
شنل	101
شنوایی	61
شنیدن	146
شور	163
شوهر	16
شوهر خواهر	13
شهاب	45
شهریور	43

ش

شاخه	132
شاعر	50
شال گردن	102
شامپو	117
شانزده	27
شانه	65,116
شاید	169
شب	38
شتر	87
شجاع	157
شدن	140
شراب	81
شروع کردن	152
شستن	154
شش	26
ششصد	29
شصت	28
شلغم	74

192

92	گورخر	152	لبخند زدن	91	مار
87	گوزن	64	لثّه	89	مارمولک
90	گوسفند	112	لحاف	98	ماژیک
63	گوش	153	لمس کردن	78	ماست
76	گوشت	55	لوازم برقی فروشی	94	ماشین
147	گوش دادن	83	لواشک	120	ماشین ظرفشویی
105	گوشواره	73	لوبیا سبز	122	ماشین لباسشویی
63	گونه	20	لوزی	77	ماکارونی
124	گیتار	50	لوله کش	121	ماکرو ویو
68	گیلاس	73	لیمو	49	مأمور آتش نشانی
		80	لیموناد	152	ماندن
	ل	24	لیمویی	37,45	ماه
		113	لیوان	38	ماهِ آینده
76	لازانیا			37	ماهِ گذشته
163	لاغر			75,88	ماهی
91	لاکپشت		**م**	113	ماهی تابه
117	لاکِ ناخن			145	ماهی گرفتن
61	لامسه	175	ما	103	مایو
65	لب	116	ماتیک	110	مبل
102	لباس خواب	16	مادر	55	مبل فروشی
103	لباس زیر	16	مادر زن	177	مثلِ
54	لباس فروشی	16	مادر شوهر		

Similar Titles

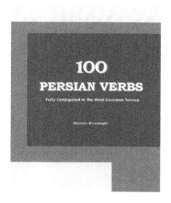

100
Persian Verbs
(Fully Conjugated in the Most Common Tenses)
ISBN : 978-1939099099

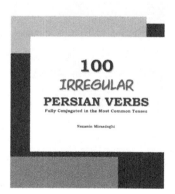

100
Irregular Persian Verbs
(Fully Conjugated in the Most Common Tenses)
ISBN : 978-1939099198

To Learn More About BAHAR BOOKS

Please Visit the Website :

www.baharbooks.com

Bahar Books

Made in the USA
Monee, IL
07 June 2021

70541136R00109